CADENAS ALIMENTARIAS DEL BOSQUE

Bobbie Kalman

 Crabtree Publishing Company

www.crabtreebooks.com

CADENAS ALIMENTARIAS DEL BOSQUE

Creado por Bobbie Kalman

Dedicado por Kristina Lundblad
Para mi hermana y mejor amiga, Katarina. Eres una cadena alimentaria.

Autora y editora en jefe
Bobbie Kalman

Editora de contenido
Kathryn Smithyman

Editora de proyecto e investigación
Kristina Lundblad

Editoras
Molly Aloian
Kelley MacAulay

Director artístico
Robert MacGregor

Diseño
Katherine Kantor

Coordinación de producción
Katherine Kantor

Investigación fotográfica
Crystal Foxton

Consultora
Patricia Loesche, Ph.D., Programa sobre el comportamiento de animales,
Departamento de Psicología, University of Washington

Consultor lingüístico
Dr. Carlos García, M.D., Maestro bilingüe de Ciencias, Estudios Sociales y Matemáticas

Fotografías
Todas las imágenes de Adobe Image Library, Corbis, Corel, Creatas, Digital Stock
y Digital Vision

Ilustraciones
Barbara Bedell: páginas 3 (visón, cardenal, hojas, erizo, ardilla y pájaro carpintero),
   4 (hojas), 7 (planta de la izquierda, ratón y coyote), 8-9 (todas excepto águila,
   ciervo, árbol de la izquierda y del centro, helecho y plantas, página 9 inferior
   izquierda y derecha), 12, 13, 16, 20 (comadreja) 21, 22, 24 (todas excepto lombriz),
   26 (todas excepto nueces y lobo), 27
Katherine Kantor: páginas 8-9 (ciervo), 15, 18, 26 (nueces)
Ellen O'Hara: página 4 (piña y agujas)
Margaret Amy Reiach: logotipo de la serie, páginas 7 (sol), 8-9 (árbol del centro),
   10, 24 (lombriz), 26 (lobo), 29
Bonna Rouse: páginas 3 (hongos, helecho, castor y árbol), 4 (musgo, helecho y árboles),
   7 (planta de la derecha), 8-9 (águila, árbol de la izquierda, helecho y plantas,
   página 9 inferior izquierda y derecha), 17, 20 (águilas), 31

Traducción
Servicios de traducción al español y de composición
   de textos suministrados por translations.com

Crabtree Publishing Company

www.crabtreebooks.com   1-800-387-7650

Copyright © **2006 CRABTREE PUBLISHING COMPANY**.
Todos los derechos reservados. Se prohíbe la reproducción total o parcial
de esta obra, su almacenamiento en sistemas de recuperación o su
transmisión en cualquier forma y por cualquier medio, ya sea electrónico
o mecánico, incluido el fotocopiado o grabado, sin la autorización previa
por escrito de Crabtree Publishing Company. En Canadá: Agradecemos
el apoyo económico del Gobierno de Canadá a través del programa *Book
Publishing Industry Development Program* (Programa de desarrollo de la
industria editorial, BPIDP) para nuestras actividades editoriales.

Library of Congress Cataloging-in-Publication Data
Kalman, Bobbie, 1947-
  [Forest food chains. Spanish]
  Cadenas alimentarias del bosque / written by Bobbie Kalman.
    p. cm. -- (Serie Cadenas alimentarias)
  Includes index.
  ISBN-13: 978-0-7787-8529-3 (rlb)
  ISBN-10: 0-7787-8529-7 (rlb)
  ISBN-13: 978-0-7787-8545-3 (pbk)
  ISBN-10: 0-7787-8545-9 (pbk)
  1. Forest ecology--Juvenile literature. 2. Food chains
(Ecology)--Juvenile literature. I. Title. II. Series.
  QH541.5.F6K34418 2006
  577.3--dc22
                                           2005036516
                                                 LC

**Publicado en
los Estados Unidos**
PMB16A
350 Fifth Ave.
Suite 3308
New York, NY
10118

**Publicado
en Canadá**
616 Welland Ave.,
St. Catharines, Ontario
Canadá
L2M 5V6

**Publicado en el
Reino Unido**
White Cross Mills
High Town, Lancaster
LA1 4XS
Reino Unido

**Publicado
en Australia**
386 Mt. Alexander Rd.,
Ascot Vale (Melbourne)
VIC 3032

Contenido

¿Qué son los bosques?

En el suelo de los bosques crecen helechos.

Los musgos crecen en troncos y rocas.

árbol de hoja ancha   árbol conífero

hoja de arce   hojas y piña de pino

Un **bosque** es un área natural donde crecen muchos árboles. Sin embargo, en los bosques no hay sólo árboles. También hay plantas más pequeñas, como arbustos, **musgos** y **helechos**. Algunos bosques rodean lagos y algunos tienen ríos o arroyos que los atraviesan. En los bosques, viven muchas clases de animales.

Tipos de árboles

Hay dos tipos principales de árboles: **árboles de hojas anchas** y **árboles coníferos** o **coníferas**. Los árboles de hojas anchas, como los arces, tienen hojas anchas y planas con **venas**. Las coníferas, como los pinos, tienen piñas y hojas con forma de aguja. Algunos bosques sólo tienen coníferas, mientras que otros sólo tienen árboles de hojas anchas. Los **bosques mixtos**, como el de la página 5, tienen ambos tipos de árboles.

Diferentes tipos de bosques

Los bosques en la región norte del mundo tienen principalmente coníferas. Se llaman **bosques boreales** o **taigas**. Los **bosques tropicales** crecen en áreas que son cálidas y lluviosas durante todo el año. Los **bosques tropicales** crecen cerca del **ecuador** y tienen principalmente árboles de hojas anchas.

Bosques templados

Las regiones del mundo que son frías durante una parte del año y cálidas durante el resto del año se conocen como regiones **templadas**. Los bosques que crecen en regiones templadas se llaman **bosques templados**. La mayoría son bosques mixtos, pero algunos están formados principalmente por coníferas. Este libro es acerca de las cadenas alimentarias en los bosques templados.

Los bosques mixtos crecen en partes del mundo donde hay cuatro estaciones: invierno, primavera, verano y otoño.

¿Qué son las cadenas alimentarias?

Las plantas y los animales son seres vivos. Todos los seres vivos de la Tierra necesitan aire, agua, luz solar y alimento para sobrevivir. Obtienen los **nutrientes** que necesitan del alimento. Los nutrientes son sustancias que las plantas y los animales necesitan para crecer y estar sanos.

Energía para los animales

El alimento también da **energía** a los animales. Los animales usan la energía para respirar, crecer y moverse de un lugar a otro.

Este pájaro carpintero crestado obtiene nutrientes y energía al comer los insectos que viven en la corteza de los árboles.

Energía para las plantas

Las plantas no necesitan comer para obtener energía del alimento. **Producen**, o fabrican, su propio alimento usando la energía del sol.

Cadenas alimentarias

Los animales deben alimentarse de otros seres vivos para obtener energía. Algunos animales comen plantas, mientras que otros comen animales que se alimentan de plantas. El modelo de comer y servir de alimento se llama **cadena alimentaria**. Un ejemplo de una cadena alimentaria sería la formada por plantas, un ratón y un coyote. Los ratones comen plantas y los coyotes comen ratones. Todas las plantas y animales pertenecen, por lo menos, a una cadena alimentaria. Observa el diagrama a la derecha para ver cómo funcionan las cadenas alimentarias.

Energía del sol

Las plantas verdes usan la energía del sol para producir alimento. Usan parte de la energía y almacenan el resto.

sol

plantas

Cuando un animal, como un ratón, come plantas, obtiene parte de la energía que estaba almacenada en ellas. El ratón recibe menos energía del sol que la que recibieron las plantas.

ratón

coyote

Cuando un coyote come un ratón, la energía pasa al coyote a través de las plantas y luego del ratón. El coyote obtiene menos energía del sol que la que recibió el ratón.

7

Una pirámide energética

A medida que los animales comen seres vivos, su cuerpo recibe energía. La energía pasa de un ser vivo a otro. La energía fluye en un modelo que se muestra en la **pirámide energética** a la derecha. El primer nivel de la pirámide es ancho para mostrar que muchas plantas producen energía alimentaria. El segundo nivel es más estrecho porque hay menos animales que plantas. El nivel superior contiene aún menos animales.

Tercer nivel: carnívoros

El tercer nivel de una cadena alimentaria está formado por los **carnívoros**. Los carnívoros son animales que obtienen energía al comer otros animales. En una cadena alimentaria, son los **consumidores secundarios**.

Los consumidores secundarios se alimentan de los primarios. Están en la parte más alta de la cadena alimentaria, donde hay mucha menos energía del sol. Por ello hay menos carnívoros que herbívoros y plantas.

Segundo nivel: herbívoros

El segundo nivel de una cadena alimentaria está formado por los **herbívoros**. Los herbívoros son animales que comen principalmente plantas. En una cadena alimentaria, son los **consumidores**

primarios. Los consumidores primarios son los primeros seres vivos de una cadena alimentaria que deben comer para obtener energía. Deben comer muchas plantas para obtener la energía necesaria para sobrevivir. Es por ello que hay menos herbívoros que plantas.

Primer nivel: plantas

El primer nivel de una cadena alimentaria, el nivel **primario**, está formado por las plantas. Las plantas son **productores primarios** porque producen alimento y son el primer eslabón de la cadena. Hay más plantas que animales. Se necesitan muchas plantas para alimentar a todos los animales de una cadena alimentaria.

Alimento del sol

*Las hojas liberan **oxígeno** al aire.*

Las hojas del árbol atrapan la luz solar.

*El árbol usa una parte del alimento que produce y almacena el resto en su **tronco**, o tallo.*

Las hojas toman dióxido de carbono del aire.

*Las raíces **absorben**, o toman, agua y nutrientes del suelo.*

Las plantas usan la energía del sol para producir alimento. Son los únicos seres vivos que pueden fabricar su propio alimento. El proceso de producir alimento a partir de la luz del sol se llama **fotosíntesis**.

Producción de alimento

Las plantas tienen **pigmentos**, o colores, verdes en sus hojas, llamados **clorofila**. La clorofila atrapa la luz solar para fabricar alimento. Produce alimento combinando la luz solar con agua del suelo y con **dióxido de carbono**, un gas que está en el aire. El alimento de las plantas se llama **glucosa**, que es un tipo de azúcar. Las plantas usan parte del alimento que producen y almacenan el resto.

10

Las plantas ayudan a los animales

La fotosíntesis ayuda a los animales al usar parte del dióxido de carbono en el aire. El exceso de dióxido de carbono hace daño a los animales. Las plantas verdes también producen grandes cantidades de oxígeno durante la fotosíntesis, pero no usan todo el oxígeno. Las plantas liberan oxígeno al aire a través de las hojas. La fotosíntesis ayuda a los animales porque ellos necesitan respirar oxígeno para sobrevivir.

Obtener luz solar en un bosque

Algunas plantas del bosque obtienen más luz solar que otras plantas. Los árboles altos reciben mucha luz solar. Sin embargo, sus hojas impiden que gran parte de la luz solar llegue al suelo del bosque. Como resultado, el bosque es oscuro debajo de los grandes árboles. Las plantas como los helechos, que crecen en el suelo del bosque, no necesitan mucha luz solar para la fotosíntesis. Los árboles pequeños, los arbustos y los **árboles jóvenes**, sin embargo, sí necesitan mucha luz solar. Para obtener la luz solar necesaria, estas plantas crecen rápidamente en la primavera, cuando los árboles altos todavía no tienen hojas.

Plantas del bosque

Los bosques son hogar de distintos tipos de plantas. Las plantas más grandes son los árboles altos que forman el bosque. Diversos arbustos, helechos, musgos, flores silvestres y árboles jóvenes también crecen alrededor de los árboles altos. En los bosques templados crecen muchas plantas porque el suelo es **fértil**, o lleno de nutrientes.

Los helechos sobreviven en el suelo del bosque porque necesitan poca luz solar para la fotosíntesis.

La planta del trillium blanco crece en el suelo del bosque. Crece a comienzos de la primavera, antes de que crezcan las hojas de los árboles altos. A medida que crecen las hojas, el suelo del bosque recibe menos luz solar.

Cambios con las estaciones

Para permanecer vivas a lo largo de las cuatro estaciones, las plantas en los bosques templados se **adaptan**, o cambian. En primavera y verano, hay mucha luz solar y agua para que las plantas produzcan alimento. Pero en otoño, los días se hacen más cortos y fríos. No hay suficiente luz solar para que los árboles de hojas anchas produzcan alimento. Las hojas se vuelven rojas, amarillas y anaranjadas porque no tienen clorofila que les dé el color verde. Luego las hojas se caen para que los árboles ahorren energía. Los árboles están **latentes** o inactivos durante el invierno. Sin las hojas o la clorofila, los árboles latentes no pueden producir alimento. Viven del alimento que almacenaron. Las plantas del suelo del bosque también están latentes durante el invierno.

Herbívoros del bosque

En los bosques templados viven muchas plantas y animales. Algunos animales del bosque, como el puerco espín, son herbívoros. Los herbívoros comen muchas plantas todos los días para obtener la energía alimentaria que necesitan. No todos los herbívoros comen las mismas plantas. Los que comen hojas, ramitas y corteza **desraman**. Los que comen pasto y hierbas pequeñas cerca del suelo son animales que **pastan**.

El castor es un animal que desrama. Come hojas, ramitas y corteza de los árboles que crecen cerca del agua.

14

¿Qué comen?

Algunos herbívoros sólo comen ciertas partes de las plantas. Cuando florecen las flores del bosque, las mariposas, las abejas y muchas aves beben el néctar. El **néctar** es un líquido dulce que se encuentra en las flores. Los **roedores** y algunas aves comen las semillas de las plantas. Muchos insectos se alimentan de las hojas caídas. Otros herbívoros comen cualquier parte que encuentran, como los frutos, las raíces o las nueces.

El ciervo de cola blanca desrama y pasta. Durante el otoño y el invierno, come ramitas leñosas. Durante la primavera y el verano, come hierbas, nueces y frutos.

Las ardillas grises comen frutos y nueces. En otoño, juntan estos alimentos y los almacenan. Luego, encuentran estos alimentos y los comen durante el invierno.

15

Lleno de animales

Los puerco espines viven cerca del suelo del bosque en refugios seguros, como cuevas, pero suben a los árboles para alimentarse de nueces, bayas, hojas y corteza.

Los bosques están llenos de vida animal. Algunos animales usan los árboles altos como hogares, mientras que otros viven en el suelo del bosque. Los pájaros, las ardillas y los mapaches construyen sus nidos entre las ramas y en los huecos de los árboles. Algunos animales no viven en los árboles, pero suben a ellos para esconderse de otros animales.

El suelo del bosque

Las ranas y las serpientes viven en el suelo del bosque, entre las raíces de los árboles y las ramas y hojas caídas. Las marmotas y los conejos se protegen viviendo en túneles subterráneos llamados **madrigueras**.

*Los zorrillos son **nocturnos**. Los animales nocturnos duermen durante el día y salen de noche para buscar alimento. Los zorrillos pasan los días durmiendo en madrigueras.*

16

Cambio de estaciones

Los animales que viven en los bosques templados deben ser capaces de adaptarse a las cuatro estaciones. Por ejemplo, los puerco espines comen hojas y hierbas en el verano y corteza en el invierno. Muchos animales, como las ardillas, almacenan alimento adicional para asegurarse de que tendrán suficiente durante todo el invierno. Algunos animales **migran**, o viajan largas distancias, a lugares con clima cálido en invierno. Otros, como las ranas y las serpientes, permanecen en el bosque durante todo el año, pero **hibernan** para que su cuerpo ahorre energía. Las ranas generalmente hibernan en el lodo o en madrigueras.

Los osos duermen casi todo el invierno pero se despiertan en los días cálidos y soleados y salen de sus guaridas para estirarse.

17

Carnívoros del bosque

Las comadrejas son carnívoras. Comen animales pequeños, como conejos, ratones, aves y ranas.

Muchos animales que viven en los bosques, como los lobos, los linces y los búhos, son carnívoros. Los carnívoros obtienen energía alimentaria al comer otros animales. Muchos carnívoros son depredadores. Los **depredadores** cazan y matan otros animales para alimentarse de ellos. Los animales de los que se alimentan son la **presa**. Los depredadores que comen herbívoros son consumidores secundarios. Los depredadores que comen otros carnívoros se llaman **consumidores terciarios**.

Comer dos tipos de animales

Algunos carnívoros comen tanto herbívoros como otros carnívoros. Por ejemplo, cuando un zorro se come un conejo, que es un herbívoro, el zorro es un consumidor secundario. Cuando se come una comadreja, que es un carnívoro, el zorro se considera consumidor terciario.

Control de la población

Los depredadores ayudan a controlar las poblaciones de los animales que comen. Por ejemplo, cuando los lobos comen ciervos, evitan que la **población** de ciervos sea demasiado grande. Si vivieran demasiados ciervos en el bosque, al poco tiempo se comerían todas las plantas. Los ciervos también dañarían muchos árboles al comer su corteza.

Cazadores útiles

Los carnívoros también ayudan a mantener saludables las poblaciones de animales. Los carnívoros generalmente cazan animales débiles o enfermos porque son los más fáciles de atrapar. Al cazar animales débiles, los carnívoros los eliminan de la cadena alimentaria. Sin los animales débiles, los animales sanos tienen más alimento.

El lobo del este de EE.UU. caza y come ciervos, castores, conejos y muchos tipos de roedores.

Cazadores y carroñeros

La mayoría de los depredadores tienen partes especiales del cuerpo que los ayudan a cazar. Las águilas calvas, que aparecen abajo, tienen una excelente vista. Pueden encontrar presas desde lo alto del cielo. Luego, se abaten y toman a la presa con sus filosas **garras**.

En el suelo del bosque, las comadrejas **rastrean**, o siguen, a los roedores oyendo los ruidos de los correteos y usando su agudo sentido del olfato. Las comadrejas siguen a los roedores hasta sus madrigueras. Como tienen cuerpos delgados, pueden arrastrarse y meterse en las madrigueras.

*Los pumas **acechan**, o siguen de cerca, a sus presas y luego las atacan rápidamente saltando de detrás de los arbustos o desde los árboles.*

20

Carroñeros del bosque

Algunos carnívoros son **carroñeros**. Los carroñeros son animales que se alimentan principalmente de la **carroña**, o animales muertos. Los zorrillos, las zarigüeyas y las hormigas son carroñeros del bosque que comen insectos, aves y mamíferos muertos.

Limpieza de los bosques

Los carroñeros ayudan a mantener limpios los bosques, al comer los animales muertos que están en el suelo del bosque. También usan la energía alimentaria que queda en el cuerpo de los animales muertos. De lo contrario, esta energía se desperdiciaría.

Los zorros rojos son depredadores. También son carroñeros en invierno, cuando sus alimentos preferidos no están disponibles.

Omnívoros del bosque

Muchos animales del bosque son **omnívoros**. Obtienen energía comiendo animales y plantas. Los osos pardos son omnívoros. Comen bayas, insectos, peces, pasto y otros alimentos que encuentran. Los mapaches, los zorrillos y muchas aves también son omnívoros.

¡Comen cualquier cosa!

Los omnívoros son **oportunistas**. Los oportunistas son animales que comen cualquier alimento disponible. A los omnívoros no les resulta difícil encontrar alimento, porque comen casi cualquier cosa.

Los osos pardos son excelentes pescadores. A menudo, caminan en los ríos y atrapan peces. Los osos pardos también comen frutos, ardillas y ratones.

22

Alimentos según la estación

Durante el otoño y el invierno, en un bosque templado hay menos plantas y animales para comer que en la primavera y el verano. Muchos animales del bosque son omnívoros porque pueden hallar alimento en todas las estaciones. Por ejemplo, el cardenal, que aparece a la derecha, come insectos durante el verano y semillas durante el invierno.

Los mapaches salen de noche para buscar alimento. Comen ranas y peces pero también se alimentan de nueces y frutos. Incluso comen los alimentos que tiran las personas.

23

Cuadrillas de limpieza del bosque

Los **descomponedores** también mantienen limpio el suelo del bosque. Los descomponedores son seres vivos que comen plantas y animales muertos para obtener la energía almacenada en ellos. También comen las partes de los animales que dejan los carroñeros. Los caracoles, las lombrices, las **bacterias** y los hongos son descomponedores.

Materia muerta

El diagrama de la derecha muestra cómo los descomponedores forman una **cadena alimentaria de detrito**. El detrito es materia que se **descompone**.

Una cadena alimentaria de detrito

Cuando una planta o un animal, como este ratón, se muere, se convierte en materia muerta en el suelo.

Los descomponedores, como esta lombriz, viven en el suelo. Comen la materia muerta y obtienen un poco de la energía almacenada en ella. Luego pasan una parte de esta energía al suelo a través de sus excrementos.

Los excrementos de los descomponedores agregan nutrientes al suelo. Los nutrientes ayudan a las plantas a crecer.

Nota: Las flechas apuntan a los seres vivos que reciben la energía.

Suelo sano

Incluso después de su muerte, el cuerpo de un animal o planta contiene un poco de energía. Los descomponedores usan parte de la energía pero no toda. A través de sus excrementos, devuelven al suelo una parte de la energía que queda. La energía sobrante contiene nutrientes que las plantas necesitan para crecer.

*Un **hongo** es un ser vivo, parecido a una planta, que se alimenta de plantas y animales muertos. Algunos tipos comunes de hongos son las setas y los mohos.*

Los descomponedores se alimentan de hojas muertas. A medida que comen, sus cuerpos descomponen las hojas y agregan nutrientes al suelo. Los nutrientes ayudan al crecimiento de muchos tipos de plantas en los bosques templados.

Una red alimentaria del bosque

Los bosques templados tienen muchas cadenas alimentarias. Una cadena alimentaria incluye una planta, un herbívoro y un carnívoro. Sin embargo, la mayoría de los seres vivos pertenecen a más de una cadena alimentaria. Cuando un animal de una cadena alimentaria se come una planta o animal de otra cadena, ambas cadenas se conectan. Cuando se conectan dos o más cadenas alimentarias, se forma una **red alimentaria**. La mayoría de las redes alimentarias abarcan muchas plantas y animales.

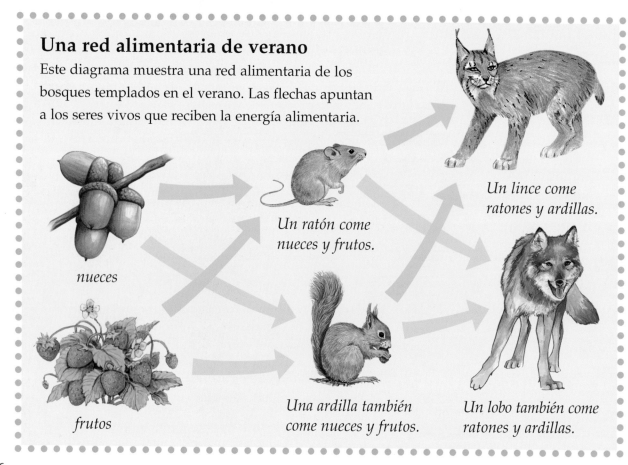

Una red alimentaria de verano

Este diagrama muestra una red alimentaria de los bosques templados en el verano. Las flechas apuntan a los seres vivos que reciben la energía alimentaria.

nueces

frutos

Un ratón come nueces y frutos.

Una ardilla también come nueces y frutos.

Un lince come ratones y ardillas.

Un lobo también come ratones y ardillas.

Plantas de medio tiempo

Las cadenas alimentarias de los
bosques templados cambian según
las estaciones. Algunas plantas del
bosque, como muchos tipos de flores
silvestres, crecen solamente durante
una parte del año. Forman parte de
una red alimentaria sólo cuando están
creciendo. Por ejemplo, el ciervo de
cola blanca que aparece a la derecha, se
alimenta de plantas en la primavera y
el verano, mientras están creciendo. En
el invierno, las plantas están cubiertas
de nieve y no forman parte de la dieta
del ciervo. En su lugar, el ciervo come
la corteza de los árboles.

En el invierno

Los animales que hibernan o migran
hacia nuevas áreas durante el invierno
no comen en el bosque. Por lo tanto, no
forman parte de las cadenas
alimentarias de invierno.

*Las mariquitas no forman parte
de las cadenas alimentarias en invierno. Algunas
hibernan debajo de rocas o raíces de árboles. Otras
migran hacia áreas con climas más cálidos.*

27

Bosques en problemas

¡Los bosques templados están en problemas! Se talan bosques para tener espacio donde construir granjas, caminos y casas. Se talan muchos árboles para hacer productos de madera y papel. Las personas también dañan los bosques cuando inician incendios forestales. Cada año, los incendios destruyen enormes áreas de bosque. Cuando se destruye un bosque, se necesitan cientos de años para que los árboles vuelvan a crecer. Sin los árboles, algunas plantas del bosque no pueden crecer. Entonces, estas plantas están en peligro de **extinguirse**. Cuando algo está extinto, ya no habita ningún lugar de la Tierra.

Eslabones perdidos

Cuando se talan o se incendian bosques, muchos animales pierden sus hogares y los alimentos que comen. Al eliminar las plantas del bosque, las personas eliminan el primer eslabón de una cadena alimentaria. Cuando falta un eslabón en una cadena alimentaria, todos los demás niveles de esa cadena sufren.

Poco alimento

Si no hay plantas que comer, muchos herbívoros se mueren de hambre. Sin los herbívoros, los carnívoros no tienen alimento. Finalmente, muchos carnívoros del bosque, como los lobos, también mueren de hambre. ¡Pueden desaparecer redes alimentarias completas!

Nueve de cada diez incendios incontrolables son provocados por acciones negligentes de las personas.

29

Disfrutar el bosque

Respetar los bosques

Puedes disfrutar los bosques sin hacerles daño. Cuando des un paseo o andes en bicicleta, permanece en los senderos para que no destruyas las plantas ni molestes a los animales. Si acampas, sólo usa las áreas del bosque que se han establecido para acampar. Los campamentos tienen hoyos para hacer fogatas. Se pueden hacer fogatas de manera segura en estas áreas marcadas. Cuando el clima es seco o ventoso, generalmente está prohibido hacer fogatas. Si obedeces las reglas sobre las fogatas, los bosques y tú estarán seguros.

Si se permiten las fogatas, asegúrate de que un adulto la encienda y luego la apague por completo.

¡A reciclar!

El papel se hace de los árboles. Podemos ayudar a salvar árboles **reciclando** papel. Los productos de papel reciclado se hacen con el papel usado en vez de árboles. Al usar productos de papel reciclado, ayudas a reducir la cantidad de árboles que se talan para fabricar papel. Si reciclas el papel en vez de tirarlo, también ayudas a reducir la cantidad de desechos que se arrojan a los basureros.

Glosario

Nota: Es posible que las palabras en negrita que están definidas en el texto no figuren en el glosario.

bacterias Seres vivos diminutos que tienen una sola célula

ecuador Una línea imaginaria alrededor del centro de la Tierra

energía La fuerza que los seres vivos obtienen del alimento, que los ayuda a moverse, crecer y estar sanos

garra Uña de un ave carnívora

hibernar Permanecer en un estado de sueño durante el cual disminuye la frecuencia cardíaca y respiratoria

oxígeno Gas incoloro e inodoro del aire que los animales necesitan para respirar

pigmento Color natural que se encuentra en las plantas y animales

población Número total de plantas o animales de un mismo tipo que viven en una zona

reciclar Convertir los productos usados en nuevos productos que pueden usarse de nuevo

roedor Animal que tiene un cuerpo pequeño y dientes delanteros que nunca dejan de crecer

venas Tubos pequeños que forman el marco de una hoja y transportan nutrientes a la hoja

Índice

1 2 3 4 5 6 7 8 9 0 Impreso en Canadá 5 4 3 2 1 0 9 8 7 6